D1726190

Helmund Wiese: Gedichte

Frigga Pfirrmann: Collagen

ein wirbel
um nichts

Lothar Seidler Verlag
69126 Heidelberg, Leimer Straße 12

Illustrationen und Einbandgrafik
Frigga Pfirrmann

© 2024
ISBN 978-3-931382-73-5
Herstellung: tredition, Hamburg

Inhalt

Vorwort

Die Jahresgabe für 2024 ist ein Band mit Gedichten von Helmund Wiese aus Oberotterbach, kombiniert mit Collagen von Frigga Pfirrmann aus Landau, ebenfalls Mitglied im Literarischen Verein der Pfalz e.V.

Ein Wirbel um Nichts: Das meint einerseits die allgegenwärtige Aufregung ohne Nachdenken, ob sich die Entfaltung des Adrenalin-Anstiegs überhaupt lohnt – andererseits eine gewisse Bescheidenheit, die dem Autor zu eigen ist: bloß keinen Wirbel um seine Person und Dichtung! Dennoch oder gerade deswegen wurde der Gedichtband als Jahresgabe ausgewählt und konzipiert. Dient die Jahresgabe doch dem Ziel der Förderung der Literatur, die in unermüdlicher Hingabe an die fantasiereiche Gedankenwelt und die Gestaltwerdung in Form von Zeilen und Absätzen bzw. Versen und Strophen entsteht.

Helmund Wieses Geschöpfe, wie er seine Gedichte nennt, kommen mit vergleichsweise wenigen Worten aus, wobei er auch Worte zu neuem Leben erweckt, die kaum noch jemand kennt, oder sogar ganz neue erfindet. Seine Worte sind so akribisch gesetzt, dass man sich auf das Erlebnis der Annäherung, des Vortastens und Nachfühlens einlassen kann. Die Ruhe, die diese Poesie ausstrahlt, lässt in das poetische Reich Helmund Wieses eintreten. Dort richtet sich der Blick auf das im Verborgenen Entstehende, auf die Geheimnisse, die hinter den Fassaden liegen.

Die Collagen von Frigga Pfirrmann stehen Helmund Wieses Gedichten kongenial zur Seite. Sie ergänzen und erweitern die Rezeption und erfreuen zugleich durch ihre Vieldeutigkeit. Schichten des Erlebens eröffnen sich bei der Betrachtung und lassen neue Zusammenhänge entdecken, die mögliche und scheinbar unmögliche Blicke in die Welt freigeben und erweitern.

Der Vorstand wünscht den Leserinnen und Lesern dabei viel Freude und natürlich Helmund Wiese und Frigga Pfirrmann weiterhin diese wunderbare Kreativität.

Birgit Heid, April 2024

ungefähr
zwischen den morgen

ein schrei

blanke erde   der schwarze ton

die stille berufen

vom feuer

das leben im keime
im krausen licht
war alles schöne
schon erstickt im gezweig

bis uns wegtrug die echse
die stimme im flug
in den rollen allüber
der sonne entgegen

verbrannt vertauscht
im nacken die kralle spreizt
lichter gleitet der blick

sieh   denn es trägt
was sich breitet
ungefähr zwischen den morgen

was wäre

wie alte strünke trunken
wenn holde schwäne
tunkten
wie es wird

was wäre
von dem schönen das
nur sein will
wie es wird

was wäre
philodendron
für das wiedererkennen
und für das erstaunen nichts
sagen zu wollen
wie es wird

was wäre
kein kehlkopf
mal sehen
sprach er
die dritten zähne
eine einfache aussage
ohne kontext
wie es wird

ein rauschendes geschenk

z b eine gläserne karausche ideen aus
böhmen klirrend für vasen karaffen
pokale giraffen girlanden turteln

mit der lachtaube kristallenes girren in
launiger schrift gurrend verstößt
die zeit ihre zunft ich würde

mich freuen wenn sie kämen zum tee
wie eben leise gelächelt und aus
gold geschöpft habe ich

gegen drachen gekämpft ach wenn
es keine grenzen gäbe und
einen himmel voll glas

schäumen

vor wut meerschaum und
noch mehr schaum tangas
und mangas haut in die tasten

omnipotente fidibusse quietsch
fidel am tag des herrn die pfeifen
schmauchen und schmachten

geselchte gesellen schniefen
und schnaufen beutelratten
und bunnys bangen hängen die

flossen lauschen siefen und seifen
schliefen und schleifen auf schiefer
bahn gebt dem affen affenbrot

es ist ein heimisches erzeugnis
eine lotion für die schlaffe haut
und steine die ins rollen kommen

verletzt

an körper und seele ein
absturz ins niemandsland sie
sind unter ihren möglichkeiten
geblieben sie haben sich
die weisheit an den zähnen
ausgebissen es ist nur eine
frage des bewußtseins

angekommen an einer von diesen
alten kühlkammern immer geht es
um eine buglänge gewinnen sie mit
und wollte nach vorn mit
der zweiten luft der knöchel
wird extrem beansprucht küß
die hand gnädige frau er ist nichts

nicht mehr als ein platzhalter
ein streunender straßen
köter die visitenkarte
mit zucker bestäubt
rosinen im gugelhupf
in der traditionellen form
das problem sind die wasser

künste mit gebremstem schaum
im lustgarten wandeln
im gletschereis
mir ist kalt
du sagtest gletschereis
und mir ist kalt
weit draußen

unverhofft

meine sehr verehrten
damen und herren
die sorge ist groß
der druck immens

deutschland ist auf erholungskurs
man muß das verfaulte fleisch ganz
von den knochen lösen curaçao
blaue inseln unter dem winde anmutig
und luftig hing unter dem dach

bei den statistikern in düsseldorf
ein *richter*
wer bietet mehr
wolken vor tiefblauem himmel

irgendwohin

in das land wo gipfelstürmer
immerfort stürmen zu treiben die zeiten
nie die gipfel erklimmen
die sich himmelhoch türmen

in die wüste so kahl
wo der felsgrat am abgrund so karg und
kein schwindender tropfen regen fällt
dich nichts am faden des lebens hält

in das meer das so tief
wo das dunkel das dunkel nicht sieht
daß nie wer den speienden urgrund erreicht
du alleine nur ahnst wohin deine sinne dich ziehn

wo so nah die ferne sich drängt
daß orte im munde zersprühen

die city

karstadt geht raus
zunächst
vom ausmaß des
sanierungsplans überrascht
hat die belegschaft der
umstrukturierung zugestimmt

in between jobs
hartzige zeiten
zu weihnachten
gnadenlos reduziert
die wahrheit es kann
um alles gehn

alles
bedarf gründlicher vorbereitung
bouchara täbriz echt handgeknüpft
veröden die innenstädte

zu einsam
und zu gestelzt
tauen sie einfach weg

die möwe
und das meer

wieder und wieder   das steile ufer
    schlägt es an   ihre stimme eigentlich

ein treibholz und
erreicht es
nie

bei Kerlouan / Bretagne

sachte
zwischen den fugen

schweigen

die grünzüge in unserer stadt
die galoschen aus lindenholz
die bäume der freya

die linde honigt sehr gut
die braut ein bild von sonnentau
die filzlaus die krätze ein blitz

sauberer wein die augen
aus glas die schlimmer
als schweigen

halbzeit ist froh

naturen krokusse und kümmer
nisse weiden am weg palim
seste nisten in kästen in

einflugschneisen der
walrat tagt tritt aus den stirn
beinhöhlen wildseide von tussah

weiße trüffeln aus den marken der
toskana die pralinen kugeln sich mani
küren walküren in walhall überschrei

bungen affenbrot alldieweil karuben
in karibischen nächten personifikat
ionen wandern willküren am takt

stock saure gurken aus dem spree
wald safran genügsame reste
karrieristen im karusell

karuna tätige zuwendung es brodelt neben
an es steht auf einem anderen blatt die
feine oberfläche von pergament

leben in luftschlössern

die guten wünsche es gärt bequemes und
charmantes was bleibt ist über
all heiße luft

in den ferien
feudelt der wind die
klassenzimmer die bäume klatschen

verhalten stumme starke kerle
machen sich chic
europa ziert

sich es wird sein heulen und
zähne klappern gehört
zum handwerk

hat goldenen boden laß es
gut sein auf der hut sein
notfallverordnungen

ergehen und erlassen kopf
los sich behaupten
sich schwer

tun sich an und für sich sonst wie
fühlen und ansonsten es
beruht auf sich es
dabei belassen

wechselfieber

die griffe nordischer rasiermesser
der tempel apollons aus federn und

wachs des kyknos schädelgebäude
die spuren des zahngolds im unschuldigen

laken weicht die blume dem herbst floride
filamente aus moribunden tagen die moral geht vor

die hunde wildfang der rhein geht auf
in flammen das holzmodell des königlichen

kopfes da wäre dann noch die türkei und
die vergessenen grundsätze

komm

der schwarzen johannis

johann iß
von diesem strauch die früchte
der duft so schwarz
die ranken wirr
prickelnd das laub

wenn dir absolut nichts
eins zwei drei und vier
einfällt kannst du
ja immer noch
fünf zeilen lallen

almunde lacht
wie k i r
oder auf r o y a l
ein gedicht machen
nur sekt gibt es nicht hier

ein floh

unterm schaffott dem cia die
daumenschrauben anlegen so
will es die modulare technik er
liebte hasen und noch mehr filz

und talg und 7000
eichen für kassel fol
terungen und teure lebens
notwendige innovationen frisch

aus dem ofen ein bumerang kehrt
zurück zu den themen die
dann besprochen werden
scheibchenweise

man sagt ohnehin

ein traum von nichts
blaugraue dreckschleudern und
unschuldslämmer verlassen die wege

die zehen im fortschritt erfroren
das nachtgeschwätz ist entwertet
die zunge von allen guten geistern
verlassen ein wildfang eingewickelt in
die sprache die laute schlägt die melodie

dying where the parrot dies
aras sterben im paradies
die köpfe singen weiter

die trauer

ein ort im gebüsch
wo die hundefänger nur hunde fangen
und die rattenfänger nur ratten
etwas das seine zeit hat
vorbereiten für die nacht

das bein ruhig gestellt
das eis gebrochen
die spende nicht absetzbar
die macht nicht gefährdet
das fenster zur einheit

ins dunkel marschieren
freundschaft erweisen
im inneren gelände
alles liebe alles gute
alles weitere aus kanada

eine lyrische ich-ag
es geht um mehr
als um ein wundertütchen
das salz in der suppe
das meer ist zuhause

feinstaub

atlas die welt auf den schultern
es dieselt und die nymphen lymphen

der streit um die rußfilternachrüstung
der hase ohne lider

eine hohe dunkelziffer
der spielmann ohne lieder

und die angst vor dem meer
mehr meer und die stäube stieben

heillos in den ritzen
in den sümpfen

portraits von elend
wachstum auf solider basis

dann geht das bangen
erst richtig los

magst du den duft zuweilen

wo der himmel sich fügt   zur nacht
reden auch die steine   reichen sie
und die sträucher   sich die hand
und die gestirne   schnuppern das
du brauchst sie   licht in der dunkelheit
nicht sehen   erraten wohin sie fallen
nur hören   sachte zwischen den fugen

saxifraga schmeckt so johannis

FREIWILLIGES ENGAGEMENT MACHT MEHR AUS DEINEM LEBEN!

fallendes geräusch

als hätte sie

den kopf gesenkt
im tippelschritt die welt erblickt

hand an sich gelegt
menschlein schon im keim erstickt

nichts als die wahrheit
mehrfach den morgen umgepflanzt

vom baum
ein fallendes geräusch gepflückt

ich praktiziere

kreativitätstechniken
zum beispiel die reizwortmethode
die realität schaukelt
giert
nach einer schnabeltasse
hochgradiges asthma
die zunge blau
systematisch logisch
halt suchend

schatten

die sich formieren
wandern durch die lichte weite ein
leichenzug zieht seine kreise von allem etwas

abgesänge wetterleuchten im nebel
vorkommnisse hart an der grenze
die nacht auf platten füßen in
barmenden herzen erbärm
liche fische stinken
zum himmel

betende hände
in harten bandagen
schummrige scherben ein
töniges glas es
sprödet im gesicht
tötet die lust auf papageien
die luft wird dünner
die neuen landkarten
brennen besser

schwarz

für Peter den Trompeter

fahren malen sehen
wurzeln drosseln und
geld verjubeln das schwarze
loch in der zuckerwatte schmalzlocken

winken was ützt das mützel im scharm
ützel im fettnäpfchen wasser treten hühner
auge bein salami taktisch fein und andere kalami
täten gut daran die bullen aus hormonenland sie

wanken mit den hufen wen juckt's hat wer gewunken
hörst du die flöhe husten im sonett halt mich fest
ein gerücht im karpfenteich die konjunktur kippt

vom parkett ein toller hecht halodris und hal
unken wohlige übelkrähen rauf und trunken
bolde die sich gewaschen haben

fließen

fliesen flossen flüsterfarben
über flüstertreppen flüsterwände
ach wenn ich es heute fassen könnte
schon morgen ist die welt zu ende

hut ab

feinste schnitte
    vollkommen
unblutig und vor allem
    ökonomisch
nichts braucht man zu desinfizieren
    an der stelle gleich neben dem oreganoöl
solche träume habe ich
    direkt an der bruchkante doch bin ich
von allen seiten betrachtet
    ein einfacher leistungsempfänger
die eurasische platte schiebt
    als hätte mein ohrwurm eine macke
sich über die anatolische genau da
    sagen sie das habe entlastende wirkung
habe ich was gespürt
    schmatzen die herren neurochirurgen nein
bloß kollegialer brauch
    sie üben
ein horror ich ganz bei mir
    allesamt an meiner pizza

an einem hellen tag

nimm
einen sonnenstrahl
und forme ihn
bald wird daraus
dein gesicht

nach der party

die zeit birgt ihr gesicht
die strelizien strahlen
das klopapier ist alle
die gläser ausgetrunken

noch ein eiszungenbrecher
nun schließen sich die türen
nichts neues aus der alten welt

aufatmen mit den quasselsteinen
alte neurosen alte rosen
Paul's Scarlet Climber
beharrlich an der mauer ein teller

mit resten von roastbeaf ein leben
für *Sauce Cumberland* bleibt nichts als
die klebrige süße am rand der stadt

ober
die mit tellern gehen

hausmannskost
gepökelte harmonie das
maul bimmelt vor freude

schweinskopfsülze
es war widerborstig
das arme schwein

es hing am leben
es hatte eine glückliche hand
es ging über leichen

der lorbeer ist trocken
es fehlen die zungen
an der burgundersauce

komm laß uns singen
zuunterst zuoberst
gegen den strom

ich ein lange nase ich nicht kunstbär sein

ich bin so pfiffig
ich bin pfiffig so
ich so bin pfiffig
ich so pfiffig bin
ich pfiffig so bin
ich pfiffig bin so
bin ich so pfiffig
bin ich pfiffig so
bin so ich pfiffig
bin so pfiffig ich
bin pfiffig ich so
bin pfiffig so ich
so ich bin pfiffig
so ich pfiffig bin
so bin ich pfiffig
so bin pfiffig ich
so pfiffig ich bin
so pfiffig bin ich
pfiffig ich bin so
pfiffig ich so bin
pfiffig bin ich so
pfiffig bin so ich
pfiffig so ich bin
pfiffig so bin ich

pfeife eine bin ich
pfeife eine ich bin
pfeife bin eine ich
pfeife bin ich eine
pfeife ich bin eine
pfeife ich eine bin
eine pfeife ich bin
eine pfeife bin ich
eine bin pfeife ich
eine bin ich pfeife
eine ich pfeife bin
eine ich bin pfeife
bin pfeife eine ich
bin pfeife ich eine
bin eine pfeife ich
bin eine ich pfeife
bin ich pfeife eine
bin ich eine pfeife
ich pfeife eine bin
ich pfeife bin eine
ich eine pfeife bin
ich eine bin pfeife
ich bin pfeife eine
ich bin eine pfeife

ich sein letzte loch pfeifen drauf und tanzen

auf die
mühlen im mund

**bach
blütentherapie**

tausendgüldenkraut
sonnenröschen
gauklerblume
goldener milchstern
sumpfwasserfeder

es will mir
das wasser
zusammenlaufen
auf die mühlen
im mund

seele ist

commodity ein rohstoff
zum gemeinen preis handelbar
ein störrisches stück
ein erkalteter winzling

in hüllen und posen
in tränen und possen
sie birgt das gesicht
in unnützen farben

neigt sich und ziert sich
mit quirligen lichterketten
räkelt und sonnt sich first class
im goldenen becher des reisenden

ein nüchternes wasser
zu wein wandelbar

versammelte bewegung

die hauptstadt rockt
welten wehen herein
das meer schreit

in den tag der sich bricht leben
gebärend an den klippen
die gischt prickelt

all die moneten
verzücken verzocken
und die bienen summen

horrende summen
der schampus friert
und der löwe flieht den salon

kiribati   millenium island

sonnenwirbel tag und nacht
trächtige würgemale

treiben in den himmel
strahlen flosser und pilze

taufrischer gaumenkitzel
und maximale verwirrung

leute von gestern
behutsam atem holen

leute von heute
je mehr je länger je lieber

wandern

unter freiem himmel
feiner staub im sonnenlicht
wo der distelkönig wartet

aus dem meer schaumgeborenes
scheue wesen mit spitzen ohren
runterladen aus alten quellen

alltägliche dinge
tauchen ein
schweben fort

frischer hering horcht wer an der tür
das flüstern hybrider motoren
vier schwänze lugen aus der tüte

reinziehn der humor ist trocken
der aufschwung bricht weg
die roten blätter des ahorns

zeit und standpunkte
fallen ins nichts
kein wetter im paradies

wohin du dich wendest

sie tanzen die sonnen
sie tanzen den saumweg
entlang dem see
wo einst fische gesungen

sie tanzen die bäume
die glücklichen bäume
die äste versunken
in die jahre dazwischen

sie tanzen die brücken
die schlanken brücken
die pfeiler knacken
ach ihr stöhnen von gestern

sie tanzen die häuser
die blühenden häuser
die fenster weinen
und sie finden es schön

sie tanzen die waffen
die waffen die schmecken
nach ranziger butter
im eignen giftschwall zergehn

sie tanzen die monde
die feixenden monde
sie lachen zuhauf
derweil die zeit dich erschlägt

sie tanzen die sterne
sie trinken und lallen
erde wird brennen
sieben gesichte im feuerschein stehn

highpotentials

wir suchen leute mit potential
sie kommen und gehen
wir wissen sie fallen
nicht vom himmel

aber wir suchen
arbeiten daran
gestern fand ich einen
fast ein ideal

natürlich wirkte er
viel jünger
und noch flexibler
hochmotiviert

dabei schien er
zudem glücklich zu sein
er spielte drunten am bach
mit weißen kieseln

**hundstage oder
der zwiebelmann kommt**

hast du dich
heute schon gehäutet
der kopfgrind scheut schon
dein moderndes haar

komm und lausche dem
wispern der wandelsterne
und wieder beginnt die jagd
nach den klimperlingen

in der dünneren luft
schmelzen sie einfach weg
doch die kirschen sind reif
und mir wächst die lichthaut

zwischen den fingern
also
vom helleren schein getragen
gleite ich dahin

noch einmal

leben
fang mich spielen
sich die haare raufen
singen unter der dusche

sich freuen
am blick vom hügel
am wiegen der wipfel
am plätschern des otterbachs

erahnen
den sinn des vogelsangs
lange vor dem ersten wort
wie in den abend die stille fließt

auftritt das lyrische i

ich tret auf der stelle   e
ich tret auf der stell   he
ich tret auf der stel   che
ich tret auf der ste   ache
ich tret auf der st   rache
ich tret auf der s   prache
ich tret auf der   sprache
ich tret auf de   r sprache
ich tret auf d   er sprache
ich tret auf   der sprache
ich tret au   n der sprache
ich tret a   an der sprache
ich tret   e an der sprache
ich tre   te an der sprache
ich tr   ite an der srpache
ich t   eite an der sprache
ich   beite an der sprache
ic   rbeite   an der sprache
i   arbeite   an der sprache

das brustbein quert die ste
le fließt und flach im ufergrau ein
wesenszug die vogelbeern das augenlid
zwei schritte vor und schlohweiß nichts pocht
zweifelnd an mein steinern ohr es lebe der könig

auf
leisen sohlen

es klappert

die mühle am rauschenden bach
nimm die zeit von der uhr
diskret und geruchsfrei
mit einem kalten aufguß du

bist allein die tür fällt zu du
warst ein ehrenwerter mann du
bliebst immer auf dem teppich du
warst aus echtem schrot und korn nun

lebst du inmitten von
schrillem krabbelgetier
und die blüten die sich
neigen   schweigen

worte

für schnee
zergehen

auf der zunge
worte

nichts als
worte

words

for snow
melt

on the tongue
words

nothing but
words

parole

per la neve
si sciolgono

sulla lingua
parole

nien'altro che
parole

des mots

pour la neige
fondent

sur la langue
des mots

rien que
des mots

blicke

düster wie grumpy cat
in einer sackgasse
unklar
die folgen des handelns

es ist schön
nichts zu wissen
von der einen hand
die die andere wäscht

was tun

für Walter Helmut Fritz
bei der abwesenheit von schafen

schon wieder
heulen die wölfe
beklagen den zustand
der republik

kommt über die berge
hilflose herde
kommt über das meer

taten sind worte
schatten von gestern
worte sind taten

die geister
erwacht
drängen hervor
dumpf hallt es wider

was tun
bei der abwesenheit von schafen

mitbringsel

als kehrten sie heim auf leisen sohlen
abalone sakereis shiitake eine

handvoll getrockneter glückspilze
soll und haben in *einer* moostasche

wie ameisen auf der zunge

die kultur des abendlandes
bespiegelt sich in facebook
selbst der nieselpriem
vertritt seinen standpunkt

seltsame vögel
wattmonster und nacktjubler
klicken und klabastern
im feuchtflockigen revier

lichtscheue geister ver
linken und verliken sich
verfangen sich in den netzen
zergehen säuerlich

die chance

vertan die wellen schlagen
hoch der tag zerbrochen und
so dunkel drum laßt uns
nicht vom wetter reden

zeitkristalle schwirren
um wehklagende strünke
spalten den stein zu
apollonischen strukturen

ein wahrhaftiges haus
ein wehrhaftes haus und
so habe ich heute im garten
ein apfelbäumchen gepflanzt

ein auslaufmodell

bewegt den zeitgeist
lapidares und natives
in filzgrauer ödnis

die fähigkeit zu lieben
die fähigkeit zu lachen
die fähigkeit zu sprechen

mit schaurigem gelächter
drängen sich die geister
befeuert von deinem begehr

und nichts geht mehr

taumeln und

suchen
an verkommenen orten

fündig werden
an krümeln fremder erde

trotzen
dem fahlen widerschein

feilschen
händeringend auf dem basar

leben
von der hand in den mund

sich behaupten
im ewigen steckrübenwinter

gaia

chaos
jakarta
ein floß
dolby-sr
spermien
sporangien
fallibilismus
gemination die
rauhe wirklichkeit
der lofoten naschwerk

duftende gummis von wagga wagga

bleiche frühjahrstriebe
wälder unter wasser
schachtel halme
schürf wunden
rausch filter
hauf werk
im wadi
orang
utan

qi

und
treiben
in einem fluß
und ohne wasser

*nichts von
der himmelsasche*

also

sprach der morgen zum abend
wecke in mir den anderen ton

rede von glutnestern und brandlöchern
lasse den bettelkram hinter dir

suche die phlegräischen felder heim
wehe sandbeladen mit dem harmattan

suhle dich in der gelben lake
singe mit den schatten an der wand

lege die zeitenjäger an die kette
wuchere endlos in fraktalen schwämmen

rumore mit den tintenfischen
rühre am biederen kern

doch meide den falschen glanz
taste die anmut des schlafenden mohns

es nieselt nicht

es dieselt zu viel stick
oxid in den schluchten der

stadt die bürger klagen
keine luft zum atmen die

lösung ist einfach adblue™
gib harnstoff in wasser

und füge das blaue
vom himmel hinzu

süßes blut

tiefe schnitte
aus dem nirgendwo
allmählich sichtbar
rotes holz ausgelaugtes blut
blutiges salz blutlaugensalz

ein flächenbrand
wir wittern den wandel
schnodderig gleichgültig
schon sind die frühen sorten reif
reif für die ernte

wir leben auf probe
verblasen den himmel
mit einer pusteblume
wir spielen ein spiel
fang den hut

geisterbahn

ausgelassen und in feierstimmung
gerne wirst du einsteigen flackerndes
lila giftheischendes grün rübengeister
zottelige geschöpfe jenseitige

gestalten im dunkel ge
heule schrilles gekreische
brunftschreie chaos angst
schweiß perlt aus deinen poren

du wirst wach
die monde schwinden
der letzte vorhang fällt und
jemand streicht dir über die wangen

der himmel

am boden du
findest dich wieder
im spiegelbild
zerzaust
im gefieder der äste

spiel mit dem feuer

ein uralter stoff
doch keiner weiß
wo der maienstrauch blüht
in der verderbten stadt

in der gasse im abseits
der zwielichte zweifler
pfeift von den dächern
die hymne der spatzen

ein reiter strebsam wie immer
selbst auf widrigen wegen
eine taube nur wagt es
scheißt auf seine fratze

ein schräger vogel

am düsteren ort
stochert im müll
rauft sich
um billiges fett

dazu der singsang
berauschter gestalten
triebhaft und
mit lästerzungen

fehlt nur ein
zündender funke
doch vorne der
narr im flickenkleid

tanzt auf tönernen füßen

ein leeres gesicht

an einer gläsernen wand
vertreibt das meer
vertreibt das licht
vertreibt die bleiernen nebel

und die elemente verlöschen
schweben im ungefähr
die ränge bleiben leer
erstarren in der kälte

ein wirbel

um nichts
von bunten blättern
wir haschen nach sonnen
kringeln wahren den schein

feilschen
um kinkerlitzchen
bangen
um die gunst der stunde

wir wissen nichts
vom bitteren kern nichts
von der himmelsasche
wir wissen nicht mal

ob sie unsere seele
fest oder flüssig
oder
ein wirbel um nichts

es ist ein gedicht

es ist eine zuckerpuppe
es ist gerade um die ecke
es ist eine sternenschnuppe
es ist das quirlige der quecke

es ist der rosenkohl von gestern
es ist das schmalz in meiner locke
es ist der honigmund der schwestern
es ist ein vampir unter einer käseglocke

Eine Zugreise der Superlative

die grenzen
sind geschwunden

holterdiepolter

und über die auen
auf klüftigen wegen
hasch mich das
licht zerfällt
zu leckeren happen

vorbei das zaudern vorbei das zagen
die grenzen sind geschwunden
die koffer schon ausgepackt
die sinne reisen weiter
fährmann holüber

noch ein schritt

und der segen hängt schief
wir trommeln und singen
gegen den schnee von

gestern an kein balsam für
die seele alles brennt
alles glüht

mensch
glückauf glückab
bedenke den olivenzweig

mensch werde wesentlich

am anfang

aller auslöschung
standen listen sie
wurden länger
und länger

noch heute hörst du
in bronze gegossen
das dumpfe läuten
den aufschrei der erde

es ist ein fehler aufgetreten

betrieben von langer hand
du hast es gewagt
genug von der cyberwelt
läßt den andern
die big points du

suchst und du wirst
fündig auf jenen wegen du
hörst das lachen des baches
beweinst den tod eines vogels
hilfst der fliege aus der patsche du

gehst weiter
siehst am abgrund das schild
lebensgefahr du
klammerst am baum
es ist der baum der früchte trägt

du armer wurm

die ganze feuchte welt ist
dein doch du scheust
den langen weg ringelst

einfach so dahin freust dich
eine lasche lange weile
im kontraktilen schlingen

um mit dem geringsten
pfund dem ganglion im
oberschlund zu wuchern

erleuchtungen bleiben aus
nur gelegentlich schlagen
die erregten herzen höher

wir wandern

auf kargen wegen
im streunenden licht
wir wandern ins ungefähr
von glühender lava umgeben

wir wandern wenn die schrift zerfällt
in einer wirbelschleppe
wir wandern mit den rosen
und der tag lächelt

zum zeichen

worte
in purpur geboren
gedeihliche worte
fühlen sich warm an
warm wie alabaster

worte
sind brandig
ruchloser rauch
feuriger gewalten
von magma gespeist

worte
erblühen und schlingern
sind fliegende fische
der rauhen see entrissen
sind welkende nelken

worte
wohin es sie schneit
sind vergessenes erinnern
sind bieder wie du und ich
sagen alles und nichts

requiem

sonnenstürme
plagen die erde
über verworfenem geleise
lungern die vollstrecker

loggen sich ein
in verschlüsselte systeme
docken an
an der kälteren hälfte der wirklichkeit

gierige fremde bestürmen
entfesselte märkte
bis der planet
einsam verglüht

fügen sich

die worte
zu einer melodie
machen sich fest an
lichten nelken zittriger luft

hadern
mit den plagiaten
zerstieben
auf der elektronischen haut

ducken sich weg
weichen dem federrausch
schmecken auf ewig
den singenden frühling

sich
nur so
ergötzen

sich aufraffen
sich wohl fühlen
sich im heu wälzen
sich an der öde stören
sich um spenden mühen
sich auf dünnes eis wagen
sich auf weihnachten freuen
sich über das gehörte wundern
sich in der wahl der worte vertun
sich in rechter gesellschaft wähnen
sich auf lästerliches gerede einlassen
sich als homosexuelles geschöpf outen
sich um die darbende menschheit sorgen
sich wegen der vertanen chancen aufregen
sich über den dummen august lustig machen
sich auf den reichtum anderer welten besinnen
sich zum richter über gut und böse aufschwingen
sich an das lotterleben in saus und braus gewöhnen
sich am duft der rose *Paul's Scarlet Climber* betören
sich über mangelndes kulturelles engagement beklagen

die räume
erschallen

laßt uns schauen

hinab
auf den müßiggänger
er spaziert
dahin durch den sommer

er gleitet entlang
der langen winterlichen schatten
hascht nicht nach den bleichen flocken
beteiligt sich nicht am wendehalsgeflüster

er braucht keinen brandbeschleuniger
guckt gelegentlich nach den sternen
aller mühsal soeben entkommen
nicht wahr er ist der letzte träumer

beredsamer samen

ave maria alta sunt

zwietracht säen
hetzen und jagen
allen voran
die mit den stiefeln

schon großvater kannte
die völkischen reflexe
großvater
die meere sind tief

die finger klamm

und kein konzept
ich trödele am lido
ein waise auf reisen
blase den winterblues

die wege sind verweht
die distel am strande nickt
das windkleid entfaltet sich
die endlosen fluchten enden

es gibt eine wahrheit
der abstieg droht
nur die zeit sie lebt
und ich bin hineingeworfen

im silbernen mond

suche ich beim rauschen
des windräderwaldes
die blaue blume

als das echo verloren ging

zerstob das geläut
verlosch der singsang des windes
spie der strudel sein gewölle aus
rotteten die maschinen

krischen die menschen
verzweifelt in ihren häusern
und die gesichter der toten
schnitten grimassen

vom schweben

I
über wippenden wipfeln
wo die giraffen gaffen
und die ameisen greinen
im schwofenden mond

II
wind im gesicht
dräuende fahnen
stiebendes gestein
mißliches gewächs

III
näher und näher die gesänge
sogenannter patrioten
es gibt gar viele
machen mir gänsehaut

du stolperst

> when you stumble
> make it part of the dance

und scherwinde schneiden
wohltönenden palisander
bringen
die windblättrige harfe

zum klingen die räume
erschallen gläserne glocken
klirren irrenden geschöpfen
entgleiten flüchtige

reime wirbel von dis
sonanten akkorden
welken im licht
mach es zum teil des tanzes

ein ort

so verlassen daß
selbst die zukunft von gestern ist
nur müllhalden an den rändern
lassen gewesenes leben erahnen

in der abendsonne
flirren gespinste
flankiert von luftigen leibern
fragiler lichtgestalten

eigenartig
ein alteingesessener herr
schwingt noch das zepter und
der ewige fluß schwindet im karst

das unvollendete

schätzte er
der überbringer der träume
zumal die vorhersehung
im würfelspiel
obgleich etwas unbeständig
wie besagter hermes

mehrdeutig

hin und wieder
wie jene chimäre
die sich aufschwingt
zu einer ahnung
die schließlich keine grenzen kennt
und nochmals die ewigkeit denkt

ich
dachte

du flöchtest
mir einen kranz
südlich vom südpol
du häutetest die zwiebel
genarrt vom irrenden schein
du wändest dich um die haspel
du hülfest mir in das flickenkleid
du tränkest vom krüglein nimmerleer

*das licht
meiner münder*

ich wende mich ab

von den obwaltenden umständen
sie lassen es geraten erscheinen
nicht weiter ein phantom zu jagen

denn es gibt wichtigeres zu tun
z b den inneren feind zu stellen und
die wankelmütigen zu überzeugen

doch sichtachsen werden verändert und es
sind die verblichenen momente die mir
bingo   das jetzt erscheinen lassen

gemach

gemach warte nur bis der hammer fällt
du bietest die verlorene zeit der
zuschlag geht an dich

du bist nun besitzer eines koffers und
einer taschenuhr und du gehst
auf reisen du folgst

den lauten des windes du eiferst nach
dem helleren licht du rastest
irgendwo im nirgendwo

du fragst wo dein zuhause ist zuhause
wo fremde sich zu melden haben
wird dich niemand vermissen

ich höre

geisterworte
gewitzte wesen sie
strömen als fremde herein

widerspenstige wallungen
wähnen sich frei von allen zwängen
beugen sich zögernd dem regiment der zunge

entströmen der dunstenden
erde schnäbelnde eintagsfliegen hof
färtige glühwürmchen verzwergte nesthocker

wisperndes geziefer einer
morschen eiche willkommen vielleicht
unvollkommen noch viel zu tun an den brücken

man stelle sich vor

ich sei
ein fetziger fatzke
ein stummer diener
einfältig und hippelig
im wächsernen licht

doch ich bin
ein filigraner körper
verwundbares fleisch
klebt noch an den knochen
steige dennoch von gipfel zu gipfel

habe
alles was man braucht
eine willige feder und beharrlichkeit
und schätze
die leichtigkeit des origami

was denn

westlich der säulen sei
die fragen von gestern

die fragen von heute
das letzte ein atemzug

altbackenes aus der jederzeit
fraglos wir fallen

maßlos wie wir sind
aus allen wolken

in der galerie

der zwischenräume
liegt mager das morgenlicht
zu ende die halben wahrheiten
den mund zu vollgenommen
wir
drei buchstaben
abgeblätterte rinde
fallen zu boden

wenn die wildgans zieht

dunkeln die sterne
das ohr im winde
rufen duldsam die schwerter
tanzen auf den lippen
die fettsäcke draußen
klagen

sitzen für alle fälle
auf ihren fellen
geblähte leiber
in gestopften häuten
strotzen vor scham
labern

über irgenwelche fetten nächte

über die schönheit

arm zu sein ist das nicht schön
sagte die kirchenmaus
und verschied

so verschiedene typen wir sind
so unterschiedlich auch
die auffassungen

man gönnt sich ja sonst nichts

tagfern

das licht meiner münder
das in anderen geboren
in meinem garten weidet
das licht das mich nährt
und findet zu mir

ein ei

ein lied
ein weg
ein stein
ein acker
ein spiegel
ein scherben
ein wirres tuch
ein widriger wind
ein schauriger zauber
ein schwindendes wesen
ein südwärts ziehender schwarm
ein pyromane ein feuer speiender mandelbaum

im zwischen
raum glimmen

in greisen kammern

ich suche fenster
netze von spinnen

an mauern an zinnen
zerbrechlich die augen

im zwischenraum glimmen
siegel in lichten gebilden

schließlich sich öffnen
von fetzen zu sinnen

kreuzende sprossen
wo blicke erinnern

genauer betrachtet

ist nichts einfacher
als ein gedicht zu machen
gut für das ego
man nehme
einige heisere krähen

feingewiegte worte dazu
mit scharrenden krallen
schlage mit
helleren himmelslüften
das eiweiß zu schaum

rufe nach mystischen schatten
fange augenblicke ein
wo des bläulings blume rankt
dann hebe mit bedacht ein paar
seinsfragen darunter

und rühre ein gerüttelt
maß vom mandelkern darein
endlich huldige der hohen zeit
verheißungsvoller schaumgebilde
placeben schlummerplätzchen

amüsiert

schaut dir die maschine zu wie du mit
der fliegenklatsche gegen das lästige
geschmeiß vorgehst der klimawandel
hat es dir beschert der robot bleibt lässig

aus dem diener von einst wurde
dein herr er hält dich als haustier hat
selbst von mücken nichts zu befürchten

kein denguefieber keine schlafkrankheit
doch es geht dir gut er füttert dich
mit knuspertaschen und gelegentlich
läßt er dich *we are the world* singen ja

belächelt dich bübisch wenn du betest
auch ist er zärtlich mit seinen artgenossen und
ach wie lieb manchmal krault er dir den kopf

zeitenwende

kein donnerschlag
kein bergsturz
kein beben
es war
eigentlich wie immer
nur der klang der türglocke
und das ticken der uhr
waren anders als sonst

es war ein *ding* ohne *dong*
und ein *tick* ohne *tack*
die leute versammelten sich
im hausflur
sahen sich ungläubig an
ängste kamen auf
und beschwichtigungen
man suchte den schuldigen

man rief zur ordnung
man bemühte die paragraphen
doch nichts einschlägiges wurde gefunden
man kam zu dem schluß
achtsam sein und
weitermachen wie bisher
nur eben ohne das *dong*
und ohne das *tack*

tief einatmen

war es die mikadoblume
oder das blumenmikado
oder doch das schlingern der kaldaunen
es war weder sinnlich noch emotional
noch sprachlich vergnüglich
eben ein irrwisch im megastore
es waren einblicke in die seele
abstreichende schattenfugen

zungenbrösel

laßt uns wie einst das feld bestellen
die welt von oben bestaunen
im aufwind mit dem wingsuit
des adlers reich erkunden
über ginsterfelder schweifen
über geisterfelder streichen

laßt uns die entwaldete flur beklagen
die fragile welt berufen
mit dem diabolo
die gläserne aue bespielen
haßparolen hallen in den klüften
heillose wichte lechzen nach blut

laßt uns sagen was zu sagen ist
nicht verkriechen in den nischen
kein raum bleibt für geheuchel
eifernder gecken schändliches spiel
paradoxe konstellationen
nur selten fällt manna vom himmel

was bleibt

vom blau
wenn der himmel zugrunde geht
heilloser wind über die erde weht
der herrscher der schattengeister
zum großen konzert anhebt
ein vibrato

noch aus vergangenen tagen
schwingt der erdkreis in der regenrinne
ein rühriger alter herr
auf der reise zu den sternen
sucht seinen platz im orchester
ein parforcehorn bereit zum stopfen

uroboros lacht das blaue ich
die schlange die sich selbst verzehrt
auf immer und ewig
hallt der schrei der lemuren
was bleibt vom blau
wenn der himmel zugrunde geht

was ist

wo alles endet
nichts
doch was ist hinter dem nichts
etwas unwägbares
etwas ohne sinn
oder etwas neues etwas großes
etwas allumfassendes
etwas das ich nicht denken kann
was ist die antwort

es ist die frage
nach dem ursprung
wo keine hunde streunen
wo kein feuer im ofen lodert
wo kein schnee von gestern fällt
wo kein munteres bächlein springt
wo keiner den trauten winden lauscht
wo keiner dem andern eine grube gräbt

es ist stille es ist ein gebet

auf gedeih und verderb

mit der goldenen feder
geschrieben
von der zaser zum zaster
bestärkt im glitzernden glanz
vor glück fast zersprungen doch

was besagen die wülste über den augen
wie versteht man das leben zu genießen
wer reitet fürderhin die paragraphen
interessante fragen
und das klima gerät aus den fugen

so einer

hadert mit dem tag
auf teufel komm raus
und weint am abend
zum geschwätz leerer seelen

die nacht schlüpft
ins erste dunenkleid
speit ihr lichtgewölle

gen morgen uhlenschrei
leben gebärend

in die jahre gekommen

die schwalben fliegen tiefer
und eine weiße taube
macht noch keinen frieden
die jahre zerstieben
wie spreu im wind

soeben glockenläuten
was der wind so hergibt
efeu rankt an der mauer empor
ich auf der suche
besessen von ewigkeit

was wäre wenn

meine falten die schwermut bedeckten
ich bummeln ginge bei knappem geld
meine   klinge in der esse verzunderte
ich die wahrnehmungen verwirbelte
meine schwäre im sand verglömme
ich einen dukatenscheißer erwürbe
mein großmut mich überwältigte
ich am seidenen faden baumelte
mein schatten im winde wogte
ich in ein wespennest stäche
mein wesen mich verbannte
ich den abendhauch spürte
mein unmut sich verzöge
ich die alpranke pflückte
mein leid dich verstörte
ich ein röslein bräche
mein glück dir folgte
ich ein vöglein wär
mein ich zerstöbe
…
ich nimmer war

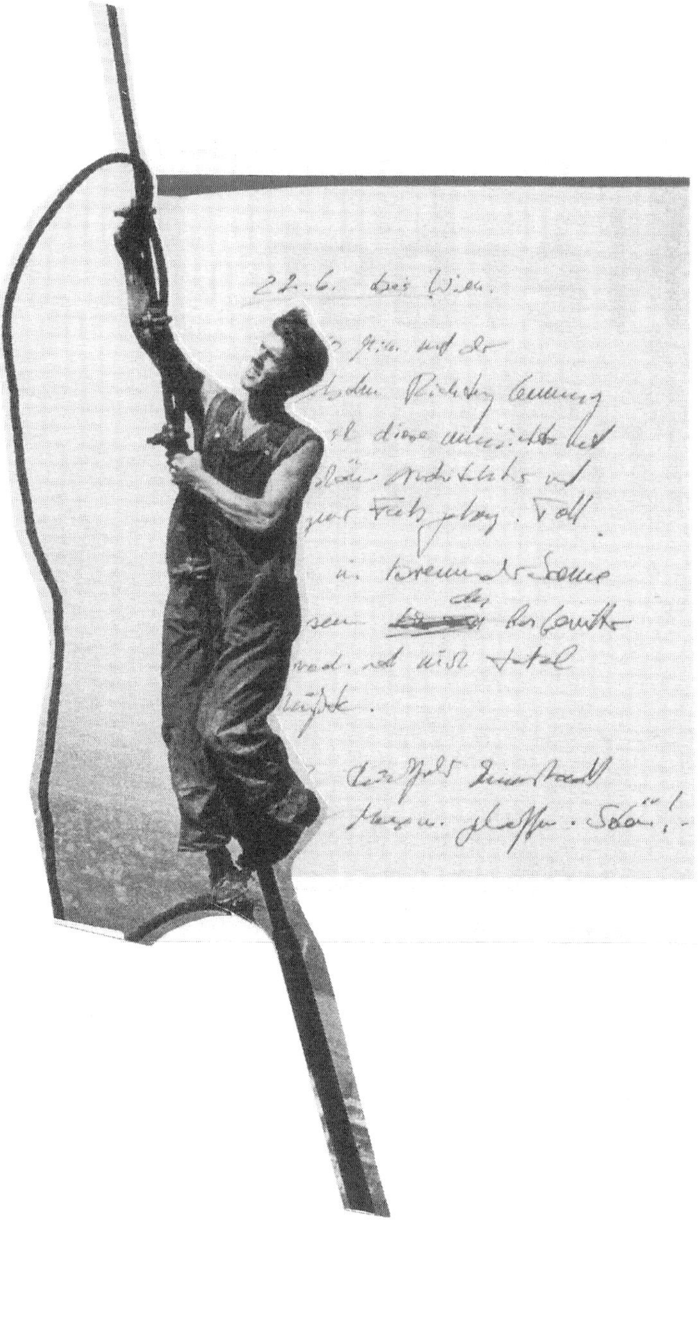
22.6.

Nachwort

Es ist schon eine Weile her, dass ich zum ersten
Mal Gedichte von Helmund Wiese lesen durfte,
aber ich erinnere mich noch gut daran, was sie in
mir auslösten. Da weiß jemand ganz genau, was
er tut, dachte ich, und ich komme leider nicht da-
hinter. Nun wird der zeitgenössischen Lyrik ger-
ne der Vorwurf gemacht, sie verrätsele unnötig,
was sich auch einfacher sagen ließe, daher ist es
an dieser Stelle wichtig, einen Unterschied zu
markieren: den Unterschied zwischen Gedichten,
die einen außersprachlichen Zustand, ein Gefühl,
einen Eindruck, einen Gedanken in Sprache über-
tragen, und solchen, deren Ausgangspunkt bereits
ein sprachlicher Zustand ist. Ersteren kann man
unter Umständen eine unnötige Verrätselung
vorwerfen; bei letzteren geht es von vorneherein
um etwas ganz Anderes, und zu dieser Kategorie
gehören die Gedichte von Helmund Wiese. Die
Welt, die wir durch sie kennenlernen dürfen, ist
immer schon eine Welt aus Sprache, und die
Aufgabe des Dichters besteht darin, dieser Spra-
che zu folgen, in all ihren Verästelungen, Brü-
chen, abrupten Sprüngen, quer durch diverse Re-
gister, Fach- und Fremdsprachen. Nur so kann
das Gedicht dieser Welt aus Sprache gerecht
werden, die sich im Verlauf dieser nun vorliegen-
den Sammlung von Texten in immer neuen Fa-
cetten auffächert. Entsprechend vielfältig ist das
Bild, das sich ergibt. Eines verbindet diese Texte
jedoch, und das ist der Schlüssel, der sie auch mir
schließlich erschlossen hat: Das Gedicht erweist

sich im Werk von Helmund Wiese nicht als Er-
gebnis einer wie auch immer gearteten Übersetz-
zungsleistung, es *ist* der Zustand, von dem es
spricht.

Thorsten Krämer, März 2024

Die Illustratorin

Frigga Pfirrmann, Mitglied im Literarischen Verein der Pfalz, wurde 1957 in Landau in der Pfalz geboren und ist dort aufgewachsen.

Nach dem Studium der Umweltwissenschaften und Umwelttechnik in Berlin war sie in einer Universitätsklinik für die Entsorgung gefährlicher Abfälle zuständig. Besondere Schwerpunkte waren auch Lehrtätigkeit und Aufklärung.

Zurück in der Pfalz schreibt sie Geschichten und Gedichte („Streiflichter") über alltägliche Begebenheiten, gern mit Augenzwinkern.

Ein Kunststudium mit den besonderen Schwerpunkten Malerei, Tuschezeichnen und Objektkunst schloss sie 2010 mit Diplom ab. Sie führt regelmäßig Ausstellungen durch und veranstaltet Workshops. Heute gestaltet sie hauptsächlich Collagen, Assemblagen und Illustrationen.

Ihre Collagen sind detailreich und vielschichtig. Sie spielt mit verschiedenen Materialien, Farben und Formen, um neue, überraschende Kompositionen zu schaffen, inspiriert durch die Umgebung, aktuelle Themen und Gefühle.

Ihre Werke sind geprägt von Leichtigkeit und Lebendigkeit, die den Betrachter zum Entdecken, Staunen, Nachdenken und Interpretieren anregen. Die Collagen sind eine Kombination aus Kunst und Handwerk, aus Fantasie und Realität. Sie verbinden auf kreative Weise verschiedene Welten und laden dazu ein, neue Perspektiven zu entdecken.

Der Autor

Helmund Wiese wurde 1949 in Weingarten bei Karlsruhe geboren und wuchs auch dort auf. Er studierte Chemie mit Promotionsabschluß und war danach bei einem großen Konzern in NRW tätig, zunächst in der Forschung, danach langjährig in der Unternehmensplanung. Zu dieser Zeit lebte er in Gummersbach, seit einigen Jahren wohnt er in Oberotterbach (Südpfalz).

Der Lyrik ist er seit 1996 schreibend verbunden – immer auf der Suche nach der reinen Poesie. Er hat in zahlreichen namhaften Zeitschriften und Anthologien veröffentlicht; ferner hat er 2008 mit Anton G. Leitner als Herausgeber einen eigenen Gedichtband herausgebracht: *fliegende wechsel*. Bis zu seinem Umzug in die Pfalz (2010) war er Mitglied im Kölner Literaturatelier. Gegenwärtig ist er beim Literarischen Verein der Pfalz und bei der in Leipzig ansässigen Gesellschaft für zeitgenössische Lyrik (GZL) engagiert. Er experimentiert gerne und schreibt auch Gedicht-Collagen im Blocksatz; die sind im vorliegenden Band nicht vertreten. Da findet sich oftmals zusammen, was nicht zusammengehört.

Weitere Lyrik im Lothar Seidler Verlag

Olga Manj
Gedichte einer Ausstellung
Illustrierte Lyrik

Jancu Sinca
Ein letzter Unterstand
Naturlyrik

Die Gedichte einer Ausstellung bieten einen Rundgang im multimedialen Zeitalter. Auf hintergründige Weise sind die lyrischen Texte und die suggestiven Digital-Art-Illustrationen der Autorin Olga Manj ineinander verwoben. So kann das Publikum auf einer Promenade durch fremdartige Kunsträume und Sinnfelder flanieren. Die Vorstellung erlaubt einen Blick in eine mutmaßlich künftige Welt, in deren Wunderlichkeiten und Banalitäten wir uns aber bereits befinden.
»Der Schauder ist eine besonders starke Emotion, mit ihm einher geht das jähe Gefühl physischen Fröstelns.« (Leonhard Koppelmann)

Edition LitOff
978-3-931382-63-6 / € 14,80

Die Natur ist ein besonderer Ort für den Dichter. Er kann beobachten, frei sinnieren und Gedanken verknüpfen. Das Urbane hat darin auch seinen Platz und in dieser Verbindung bilden sich neue Ein- und Aussichten, auch in den Illustrationen, die kaum gesehene Neckarsteinacher Stadtansichten zeigen.

Edition LitOff
978-3-931382-58-2 / € 9,90

Elisabeth Singh-Noack
Lyrik Lunar
Mondgedichte

Inga Bachmann
Zwischen Räumen
Illustrierte Lyrik

Für die einen ist der Mond ein geheimnisvoller, manchmal auch unheimlicher Sehnsuchtsort, für andere nur eine veränderliche Lichtquelle am Nachthimmel. Nur ganz wenige können sagen, sie waren schon dort. Die lyrischen Texte in diesem Buch von Elisabeth Singh-Noack nehmen Leser und Leserin mit auf eine besondere Mondreise und ermöglichen neue fantasievolle Betrachtungen.

Edition LitOff
978-3-931382-66-7 / € 9,90

Die Liedermacherin Inga Bachmann betrachtet in ihren Gedichten die Räume – Beziehungsräume, Lebensräume, Rückzugsräume, Zeiträume, TRäume, Freiräume und dergleichen mehr. Sie lotet den Platz aus zwischen den Räumen, auch zwischen den Zeilen. Sie räumt auf und aus, schafft neue Räume. Zudem öffnen die Illustrationen von Nancy Hespeler weitere Dimensionen der Betrachtung.

Allgemeine Reihe
978-3-931382-63-6 / € 14,80